CW00693668

1 MONTH OF
FREE
READING

at

www.ForgottenBooks.com

By purchasing this book you are eligible for one month membership to ForgottenBooks.com, giving you unlimited access to our entire collection of over 1,000,000 titles via our web site and mobile apps.

To claim your free month visit:

www.forgottenbooks.com/free390513

ISBN 978-0-483-00735-2
PIBN 10390513

Le Penseur
chez
Sully Prudhomme.

ભ

Mesdames, Messieurs,

L y a quelques semaines, les amis et les admirateurs de M. Sully Prudhomme, au nombre d'une vingtaine, firent le pèlerinage de Châtenay, pour rendre au poète l'hommage sincère de leur admiration et de leur tendresse, à l'occasion du vingt-cinquième anniversaire de son élection à l'Académie française.

Le héros de cette fête intime, toute spirituelle, que présidèrent MM. François Coppée et Emile Boutroux, reçu la plaquette de Chaplain, commémorative de sa réception académique et qui représente les traits du poète, gravés avec la maîtrise de l'artiste.

C'est à Châtenay, près de Paris, au milieu de la nature, où *il est bon,* comme il disait, *d'oublier les hommes, si près d'eux!,* que le poète s'est retiré, loin des agitations du monde, et qu'il passe dans un travail acharné les dernières années de sa vie que, malgré la douleur, il veut consacrer à la méditation philosophique.

Je n'ai pas la prétention de vous entretenir de l'œuvre de M. Sully Prudhomme, d'abord parceque je n'ai pas eu le rare privilège de pénétrer dans l'intimité de sa vie et de ses travaux, et ensuite parcequ'elle mériterait une étude sérieuse déjà tentée par des personnes autorisées et de grand talent telles que: Ed. Schérer, Gaston Paris, M. J. Lemaitre et tout récemment, par M. C. Hémon.[1]) Qu'il me soit seulement permis de dégager ce qui, dans mon esprit, légitime l'admiration que j'éprouve, comme physiologiste, en face de l'œuvre d'un philosophe qui est un grand poète, et dont M. J. Lemaitre disait:

---

[1]) C. Hémon. *La philosophie de M. Sully Prudhomme.* 1 vol. in-8⁰, Paris, Alcan 1907.

*Son œuvre est dès maintenant complète et plus
rien ne saurait augmenter l'admiration de ses „amis
inconnus".*

Dès ses premières œuvres, malgré une éducation
scientifique et même un goût très prononcé pour les
mathématiques, M. Sully Prudhomme se révéla comme
un grand poète, d'une sensibilité délicate, exquise
mais aussi d'une psychologie très sûre.

Ce double caractère d'une sensibilité, je dirais,
presque idéale, jointe à une pensée forte, qui n'a cessé
de grandir, constitue bien le fond de son originalité
si marquée, qui lui assure une place éminente comme
homme, comme poète et comme penseur.

Sa dialectique est celle d'un mathématicien, seul
à pouvoir saisir et mesurer le rapport véritable des
choses:

Rien n'est sûr que le poids, la figure et le nombre,

mais aussi celle d'un Pascal, qui a su transpercer le
cœur, jusqu'aux confins sublimes de la conscience humaine!

D'autres ont dit, après Sainte-Beuve et Théophile Gautier, l'impression que produisit l'apparition des *Stances et Poèmes,* qui jeta sur les lettres françaises un éclat incomparable.

Le poète y pousse un cri profond, qui devait retentir à l'unisson du cœur de toute une génération éprise d'idéal mais courbée sous le joug de la vérité éternelle et infinie. La science contemporaine, produit d'une lente évolution de la pensée à travers la civilisation dégénérée par une société corrompue, devait ramener vers la nature la vérité idéale et humaine, en enrichissant le patrimoine de l'intelligence.

C'est aussi dans la nature que la pensée du poète de la *Vie intérieure* trouve son expression la plus parfaite, mais elle demeure pour lui incompréhensible et insaisissable car

On ne peut mettre, hélas! tout le cœur dans la main.

Son âme neuve et fragile éprise de la glorieuse destinée promise à cette pensée profonde, qu'il sentait tressaillir en lui, avide d'Infini, souffrit d'abord de ne pouvoir trouver son expression parfaite au milieu des hasards et des servitudes de la réalité.

Dans la plupart des pièces qui composent les Stances de la *Vie intérieure* ainsi que dans celles des *Vaines Tendresses*, le poète cherche à analyser et à exprimer, non par des mots mais par sa pensée, le sentiment le plus parfait de la Beauté, l'amour unique, idéal, éternel.

Le poète des premières années, dont la sensibilité n'a d'égale que cette lumineuse pensée, qui réussit peu à peu à rendre sous une forme de plus en plus parfaite l'image insaisissable du rêve, se retrouve tout entier dans ce vers:

Oh! que je serais doux si tu n'étais qu'une âme!
Ce qui me rend méchant, vois-tu, c'est ta beauté.

M. Sully Prudhomme a su donner au rêve une sorte de réalité; *son dessin,* dit l'un de ses biographes, *est si net, si précis qu'il va jusqu'à donner corps aux choses les plus insaisissables . . .* Son art est avant tout fait d'intelligence, car sa pensée procède d'un mathématicien qui sait donner aux choses une expression parfaite, mais dont le regard est aussi tourné vers le dedans:

Vos yeux parlent assez d'un voyage infini!

De toutes les petites pièces qui composent la *Vie intérieure,* c'est dans l'*Ame* que je retrouve le plus parfaitement le grand artiste qui m'a procuré des instants inoubliables de bonheur intime:

> *Heure de la tendresse exquise*
> *Où les respects sont des aveux*

et avec lequel je suis entré dans une grande communion d'idées.

Ecoutez comment il a su exprimer le pur contour de la Forme éternellement harmonieuse:

> *J'ai dans mon cœur, j'ai sous mon front*
> *Une âme invisible et présente:*
> *Ceux qui doutent la chercheront;*
> *Je la répands pour qu'on la sente.*
>
> *Partout scintillent les couleurs,*
> *Mais d'où vient cette force en elle?*
> *Il existe un bleu dont je meurs,*
> *Parce qu'il est dans les prunelles.*
>
> *Tous les corps offrent des contours,*
> *Mais d'où vient la forme qui touche?*
> *Comment fais-tu les grands amours,*
> *Petite ligne de la bouche?*

Partout l'air vibre et rend des sons,
Mais d'où vient le délice intime
Que nous apportent ses frissons,
Quand c'est une voix qui l'anime?

J'ai dans mon cœur, j'ai sous mon front
Une âme invisible et présente:
Ceux qui doutent la chercheront;
Je la répands pour qu'on la sente.

La poésie de M. Sully Prudhomme et, je dirais, le secret même de son élévation, consiste dans la grandeur de son âme obstinée à analyser et à exprimer avec une scrupuleuse exactitude, tout ce qui se passe dans le cœur.

Elle est avant tout, faite de contrastes et d'antithèses, de ces harmonies mystérieuses qui existent entre les âmes, entre les âmes et les choses.

Toute sa vie a été une aspiration vers l'Eternité:

. . . .

Ne me dites rien . . .

. . . .

Ici-bas tous les lilas meurent . . .

de même sa poésie comme

La musique, apaise, enchante et délie
Des choses d'en bas

Elle est une pure musique,

Une mélodie où l'âme se plonge,

qui la pénètre, dont la caresse comme une larme, se prolonge délicieusement dans le cœur en échos infinis et qui me rappellent les chants de la Sixtine et leur envolée dans le ciel.

C'est bien véritablement l'âme même du poète qui parle à l'âme.

Son chant est celui du berceau, celui que le poète désire entendre à sa dernière heure

Pour ne plus penser, pour que l'homme meure
Comme est né l'enfant.

Ecoutez sa *Prière au Printemps*:

Toi qui fleuris ce que tu touches,
Qui, dans les bois, aux vieilles souches
Rends la vigueur,

Le sourir à toutes les bouches,
   La vie au cœur;

. . . .

O printemps, alors que tout aine,
Que s'embellit la tombe même,
   Verte au dehors,
Fais naître un renouveau suprême
   Au cœur des morts!

Qu'ils ne soient pas les seuls au monde
Pour qui tu restes inféconde,
   Saison d'amour!
Mais fais germer dans leur poussière
L'espoir divin de la lumière
   Et du retour!

Au lendemain de la guerre, il chante ses impressions douloureuses et ne comprend pas:

   Comment le lis renaît-il blanc,
   Et la marguerite encore blanche,
   Quand la terre a tant bu de sang?

Son premier deuil laissa une ombre sur son cœur d'enfant:

Sourdement et sans qu'on y pense,
Le noir descend des yeux au cœur.

Regardez dans ses *Yeux,* comme son âme nous parle de la lumière éternelle:

Des yeux sans nombre ont vu l'aurore;
Ils dorment au fond des tombeaux,
Et le soleil se lève encore . . .

Le poète a véritablement contemplé ses yeux, ceux du cœur, qui lui ont parlé:

. . . les yeux les plus clairs seront des portes closes

Sa pièce intitulée *Un Rendez-vous,* évoque à la perfection

Ce murmure infini que font les vers dans l'âme
Quand nous fermons l'oreille au timbre usé des mots.

. . . .

Aimons en paix: il fait nuit noire,
La lueur blême du flambeau
Expire . . . . Nous pouvons nous croire
Au tombeau.

. . . .

Nous sommes sous la terre ensemble
Depuis très longtemps, n'est-ce pas?
Ecoute en haut le sol qui tremble
Sous les pas.

Sa voix est bien ce *murmure infini,* dont il parle, et qui chante pour ceux qui savent l'entendre, car

Mon âme a plus d'élan que mon cri n'a d'essor.

L'auteur de l'*Ame nue* l'a entendue à l'âge virginal, *dans les forêts de châtaigniers, où des sources virgiliennes sortent du roc couvert de mousses: sous ces ombrages . . ., j'ai ressuscité la mystique paix des bois sacrés, et la voix qui chantait fut celle de Sully Prudhomme.*

Il a trouvé les mots sublimes qui délivrent, qui consolent, qui conseillent et qui élèvent.

Il y a une année, *dans ce discours pour Corneille où il exhala vraiment sa vie,* Albert Sorel eut le *Songe* de M. Sully Prudhomme qui entendait la voix de son père

De tes aïeux compte le nombre:
Va baiser leurs fronts inconnus.

Pareillement, tous, tant que nous sommes, nous avons en nous, dans notre vie intérieure, la poésie que nous trouvons dans les *Vaines Tendresses,* mais nous ne la sentons pas. M. Sully Prudhomme l'a sentie; c'est que pour sentir vraiment il faut penser et chez le poète des *Solitudes* jamais le cœur n'a pensé davantage.

La Pensée comme une fleur, nous dit-il, s'ouvrit un soir

> *et moi je me sentais mourir:*
> *toute ma vie allait en elle.*

Le poète n'a cessé d'écouter sa pensée; elle lance des éclairs à l'infini et c'est elle qui est l'âme éblouissante de sa poésie magique qui a *le charme d'un regard et d'une voix*. Il a eu le rare mérite d'avoir analysé aussi bien qu'il était possible de le faire, les sensations infinies du cœur et d'avoir par là même, donné à sa pensée poétique une impressionabilité mathématique qui émeut.

Nul poète, dit M. J. Lemaitre, *ne nous fait plus souvent la délicieuse surprise de nous dévoiler à nous-mêmes ce que nous éprouvions obscurément.*

C'est là ce qui constitue l'originalité de son talent, de son génie poétique qui surpasse en force, en profondeur et en élévation celui des poètes *décadents* de l'âme contemporaine, car M. Sully Prudhomme a démontré que les grands vers sont des *vers de pensée* et que *les grandes pensées viennent du cœur.*

Il a toujours cru que les mots n'ont de valeur que par la force de la pensée qu'ils expriment, de même qu'un fait ne vaut que par l'idée qui s'y rattache et par la preuve qu'il fournit.

Pour être un grand poète, l'artiste, si intelligent soit-il, doit connaître le cœur humain.

Il doit trouver dans la psychologie, qui est un instrument de la connaissance, le secret de la force qui triomphe de la lâcheté, du rêve, s'il ne veut pas compromettre son activité et vouer ses efforts stériles à la mélancolie des neurasthéniques et des déséquilibrés!

Dans tous ses poèmes, même dans ceux des premières années, que traverse un souffle de rêve et d'idéal, M. Sully Prudhomme fait preuve d'une sensibilité qui s'analyse, pour ainsi dire, qui ne cesse jamais de penser et qui le conduit souvent à des désillusions amères et à une tristesse que nul poète n'a égalée:

Vous êtes séparés et seuls comme les morts,
Misérables vivants que le baiser tourmente!

Grâce à cette sensibilité consciente et réfléchie, personne, comme le disait Brunetière, *n'est descendu plus avant que lui*

..... *Dans le fond désolé du gouffre intérieur.*

Elle est la source véritable de son inspiration et c'est elle qui donne à sa poésie ce charme inexprimable et captivant auquel il doit *la place à part dans le cœur des amoureux de belles poésies, une place intime, au coin le plus profond et le plus chaud.*

Ses vers harmonieux, que traverse l'éclair d'une pensée saisissante, nous ont dit le seul vrai mot qui se faisait attendre.

L'âme du poète chante ce qui pleure en nous et c'est pourquoi nous l'aimons.

Le vrai de l'amitié, c'est de sentir ensemble.

Si son lyrisme est moins éclatant et moins sonore que celui des romantiques, combien est-il plus subtil et plus profond; son éloquence est celle du cœur, qui a trouvé comme interprète une pensée très grande, qui, en nous montrant son âme, nous a montré *ce qu'il y a de plus original et de meilleur dans celle de sa génération.*

Si j'ai insisté sur la sensibilité du poète, à la fois si inquiète et si précise, c'est pour vous montrer, Mesdames, Messieurs, qu'elle ne le cède en rien à celle des *poetæ minores* de l'heure contemporaine, si aigus, si raffinés et si subtiles :

J'ai voulu tout aimer et je suis malheureux . . .

Pour beaucoup, M. Sully Prudhomme restera l'interprète incomparable de la vie intérieure, le cher et savant poète des âmes éprises d'un idéal absolu, inquiètes et qui ont peur d'aimer !

Je veux lui dire quelque chose,
Je ne peux pas;
Le mot dirait plus que je n'ose,
Même tout bas.

J'ai peur, . . .

De mal sentir;

Dans mes yeux une larme même

Pourrait mentir.

L'amour comme le bonheur, est éternel, il ne connait pas d'heure; les battements de son cœur, comme le cours d'un fleuve, ont un rythme éternel qui fait délicieusement pleurer:

Le délice éternel que le poète éprouve,

C'est un soir de durée au cœur des amoureux! . . .

Le poète des *Vaines tendresses* a connu la douceur infinie du bonheur; il a *rêvé* l'amour, le néant divin:

S'asseoir tous deux au bord d'un flot qui passe

mais il a senti aussi la *réalité* de l'amour-propre qui a fait du poète de jadis le penseur d'aujourd'hui.

Il n'est pas d'âme plus sincère mais en même temps plus éprise d'idéal!

Toute sa religion nous révèle un culte absolu du vrai, qu'il poursuit sous toutes ses formes et qui donne à sa pensée austère un si puissant attrait *N'a-t-il* pas gardé de la religion, dit M. Anatole France, la seule chose essentielle, l'amour et le respect de l'homme ?

Le poète élégiaque des *Stances*, des *Epreuves* et des *Solitudes* fait place à un poète qui ne doute plus, qui ne rêve plus, mais dont l'âme s'élève de plus en plus, qui aspire à l'action, à la gloire et qui fait dejà pressentir l'homme glorieux entre tous, qui écrivit *Justice* :

Le doute est douloureux à traîner comme un deuil.

C'est dans cette volupté faite de noblesse et d'hé-roïsme, dans cette force bouillonnante de la conscience, qui nous rend l'égal d'un dieu, que le poète a trouvé la *Justice* et le *Bonheur*.

Le poète de jadis qui chantait :

> *Si pour nous il existe un monde*
> *Où s'enchaînent de meilleurs jours,*
> *Que sa face ne soit pas ronde,*
> *Mais s'étende toujours, toujours ...*

et qui disait au philosophe :

Je veux de songe en songe avec toi fuir sans trêve
Le sol avare est froid de la réalité...

exalte aujourd'hui la forme terrestre et glorifie le
soleil qui la féconde :

> *— O père, qu'il est difficile*
> *De ne plus penser au soleil! ...*

N'a-t-il pas chanté la gloire? N'est-il pas le poète
sublime de la Force, de la haute Pensée, de la Nature
et de l'Energie voluptueuse?

O voluptés, salut! Une longue injustice
Vous accuse d'emplir les Enfers de damnés,
Fait sonner votre nom comme le nom du vice,
Et ne l'inscrit jamais que sur des fronts fanés.
Et nous vous bénissons, reines des jeunes hommes:
Si nous rêvons un ciel, c'est en vous embrassant:
Car vous nous laissez purs, ennoblis que nous sommes
Par la complicité du coeur avec le sang!

L'âme translucide du poète douloureux, qui chantait la vanité des caresses ne joignant que les corps,
se redresse pour devenir inflexible!

Rien, dit Gaston Paris, *n'est plus intéressant pour l'histoire de cette lente réaction ... que la genèse intime du poème de la « Justice »*; elle a joué le rôle capital dans l'évolution de la pensée de M. Sully Prudhomme.

C'est l'évolution si logique et si sublime de cette pensée, dont les siècles passés ne nous offrent pas d'exemple, que je tiens à saluer ici comme un hommage rendu au génie poétique le plus élevé et en même temps le plus profond, à l'apôtre de vérité le plus puissant et le plus sincère et qui a trouvé dans la personne de M. Sully Prudhomme sa plus haute incarnation.

Dès lors, sa foi devient inébranlable dans les traditions de la patrie, dans les glorieuses destinées de la race du sol qui est fait de la poussière des morts!

Il est bon de se retremper avec lui, à cette source de grandes vertus civiques et humaines, de hautes qualités morales, que j'admire dans l'homme, et qui lui permettent de regarder la mort en face, avec cette sérénité supérieure que donnent aux âmes fortes la confiance et le gouvernement de soi-même.

Sceptique résigné mais plein d'espérance, il s'écrie:

La tombe ferme un ciel pour en ouvrir un autre...

Il respecte le mystère de l'Etre et du monde et dans ses hauts scrupules intellectuels, il entend la voix de sa conscience qui lui parle de vérité, de pureté, d'amour, d'énergie, de justice et de bonheur.

Sa vie morale a été un drame douloureux:

En moi-même se livre un combat sans vainqueur
Entre la foi sans preuve et la raison sans charme.

L'inquiétude de son âme et le tourment de sa pensée prennent souvent des formes d'angoisses tragiques et qui rappellent le cri terrible et désespéré de son *Voeux*.

Il rêve et veut lutter contre l'Infini qui l'accable et qu'il ne connait pas:

Avec Dieu cette nuit, mère, j'ai des combats.

L'homme lui apparaît comme jouissant d'une entière liberté morale, dont il doit user pour conquérir le respect de soi-même, c'est-à-dire sa dignité, sans laquelle il ne saurait y avoir ni vraie poésie ni noblesse véritable.

M. Sully Prudhomme trouve la vie divine à la condition qu'il y ait dans l'existence cette obligation morale qui est le vrai devoir, elle s'est imposée à son esprit, elle s'est toujours fait sentir à son cœur.

Je songe à cette morale bienfaisante, qui fortifie la volonté et qui peut-être ferait disparaître bien des psychonévroses!

.... *Quand il était tout petit, déjà c'était un sage,* écrit son meilleur ami; la première fois qu'il le vit, il dit à sa mère, en rentrant de classe: *Maman, il y a un élève à la pension qui sera un grand homme;* l'enfant n'est-il pas un héros nu, déposé entre les mains d'un dieu?

Comme autrefois, le sage qui est en lui, fait appel à la grande justice et lutte aujourd'hui au prix des pires sacrifices:

Tes chemins sont barrés de tant de sacrés murs,

Qu'à peine, en sapant tout sous mes pas, te verrai-je,

Et que ma piété ressemble au sacrilège ....

Il veut triompher et comme l'auteur des *Pensées*, il s'écrie:

Le cœur a ses raisons où la raison s'abime.

Sa grande épopée philosophique de la *Justice*, qui proclame le dualisme de la conscience, est, dit Albert Sorel, *l'admirable commentaire de cette pensée: Le cœur a ses raisons que la raison ne connaît pas.*

Ce poème complexe et sublime est bien le point culminant de son œuvre; il est le point de départ de sa philosophie qui marque la troisième étape de l'évolution de sa pensée.

Le poète a prêté ses ailes au psychologue dont la pensée, comme l'aurore d'un jour nouveau, illumine d'une absolue clarté le chemin de la justice qui mène au bonheur et qui aboutit à la conception la plus élevée de la morale humaine!

A partir de 1872 (*Les Destins*), l'homme se mêle à la lutte du monde et après les *Epreuves*, les *Soli*

tudes et les *Vaines Tendresses*, il nous donne l'in-
estimable leçon de nous apprendre à aimer par la vie
féconde de la pensée et le l'action.

Entrevu jadis sur le chemin de sa seixième année,
au tournant secret de la vie, c'est sur le chemin de
la *Justice* (1878) que le vaillant lutteur reçu le baptême
du feu sacré!

Sur la terre propager le plus pur de soi-même,
C'est peut-être expirer, mais ce n'est pas finir!

Pendant de longues années, après s'être analysé
avec cette subtilité, cette profondeur et cette précision,
qui caractérisent tout son œuvre, M. Sully Prudhomme
trouve la Justice au fond de l'âme humaine, cette
force irrésistible, dont le droit subsiste éternellement!
Le poëte avait rêvé connaître le monde, sa réalité
terrible l'enchaîne, il veut savoir

comme un enfant casse un joujou.

Sa pensée avide de vérité scientifique, se réveille,
il tressaille d'orgueil et désire la gloire; le sentiment
irréductible et si profond chez lui, de la dignité per-

sonnelle et humaine, le pousse vers la lumière, vers l'action et dans la lutte il s'écrie:

Ne sauras-tu jamais, misérable poète,
Vaincre la lâcheté du rêve et des amours.

Courbé par la douleur du rêve qui stérilise, la dignité humaine se dresse devant lui, superbe et colossale; le sentiment de sa faiblesse, dont il a conscience, lui donne la force nécessaire pour lutter et son ambition s'écrie:

Je hais l'obscurité, je veux qu'on me renomme
Quiconque a son pareil, celui-là n'est pas homme.

Sa pensée le redresse et lui donne

. . . Le vouloir qui choisit et qui crée.

C'est par l'action que le poète devenu philosophe, glorifie la dignité du génie humain:

Agis en homme . . .

M. Sully Prudhomme entrevoit le *Bonheur* (1888) par la justice, et c'est par elle qu'il triomphe du combat intime livré à sa conscience, en aspirant à la vérité qu'il arrivera à posséder tout entière. La connaissance exacte de la certitude la plus parfaite et la plus absolue, il la trouve au fond même de sa sincérité.

La croyance, qui a si longtemps obsédé l'esprit du poète, fait place peu à peu à la calme sérénité du scepticisme. Comme au soir après l'orage, il contemple l'azur du ciel que la douleur n'obscurcit plus, et il entend la voix de la nature, comme le sage,

qui, tout en polissant des verres de lunettes,
mit l'essence divine en formules très nettes.

Sa philosophie du doute s'affirme de plus en plus et, si elle se réduit plus tard au matérialisme scientifique, elle s'explique par un besoin impérieux de réalité absolue (invariable), qui est inséparable de la vérité matérielle et tangible.

M. Sully Prudhomme est un positiviste résigné, mais sa mélancolie n'a pas d'amertume, car sa résignation n'est pas confiante et mystique, comme celle de Musset :

Dieu parle, il faut qu'on lui réponde,
Le seul bien qui me reste au monde
Est d'avoir quelquefois pleuré.

elle est raisonnée et *voulue* et s'il va des larmes, il répond simplement :

Je les laisse couler sans honte,
Mais on y voit trouble en pleurant...

C'est ce qui donne à la personne morale de M. Sully Prudhomme tout l'éclat d'un Pascal.

Personne n'a mieux affirmé, n'a glorifié d'une façon plus parfaite le mystère insondable de la conscience, que le poète des *Destins.*

M. Sully Prudhomme arrive à sa conception du bonheur par la justice, c'est-à-dire par le sentiment de la liberté morale qui oblige l'homme à s'incliner devant les arrêts de sa conscience, en reconnaissant là sa dignité ; elle implique l'idée du libre-arbitre, comme gage d'un bonheur terrestre qui n'est pas illusoire.

L'effort, dit-il, *l'acte libre et laborieux à la fois,
apparaît comme le commun père de la dignité et
du bonheur, inconciliables d'abord pendant la lutte,
puisque l'une ne s'acquiert qu'aux dépens de l'autre,
mais réunis enfin pour composer une double récom-
pense à la victoire.* C'est au fond de la conscience
humaine que le poète a trouvé son ciel, qu'il a entrevu
son noble sens du devoir et de la justice, qu'il a eu
la vision resplendissante de la véritable félicité, celle
qui élève, qui consacre les victoires et qui demeure :

*Moi, je suis homme, il faut que je souffre et j'espère,
J'ai besoin de pleurer sur le front d'un ami.*

Par sa conception du bonheur, M. Sully Prudhomme arrive à la vérité et à sa pleine possession.

Cette vérité est terrestre, comme son paradis, ·
dont il disait :

Il est le plus humain s'il n'est pas le plus beau.

Elle n'est pas infinie, *adorable*, elle est humaine.
Le philosophe qui est en lui, la voit autour de lui,
dans ses sensations, dans le monde, dans cette

matière, qui comme la pensée, *tourne dans un abîme infini, dont le silence éternel effrayait Pascal.*

Il la voit aussi dans l'âme humaine, dans la raison de sa pensée, dans les sensations infinies du cœur, parcequ'il l'a trouvée au fond de la conscience humaine! L'œuvre du poète de la *Justice* se précise dans celle du psychologue et du physiologiste; partie des profondeurs les plus mystérieuses de l'être, sa pensée évolue en décrivant une courbe prodigieuse qui crève le bleu céleste et dont l'amplitude n'a d'égale que son absolue clarté.

La vérité existe, elle est dans la nature, dont les énergies divines et surnaturelles allumèrent l'étincelle de la pensée qui illumine le monde.

On pourrait dire de M. Sully Prudhomme philosophe, poète et mathématicien, ce qu'il disait de Pascal, et rendre hommage *à son génie multiple, où la nature semble avoir allumé autant de flambeaux qu'elle a de provinces mystérieuses, depuis l'espace infini où gravite la matière jusqu'aux abîmes de la conscience humaine!*

Le centre de la philosophie de M. Sully Prudhomme est la connaissance du *moi* et par là, il a
fait beaucoup plus pour la psychologie que ceux qui
lui élèvent des laboratoires ou qui de bonne foi, se
demandent, en de gros volumes, et sans arrière-pensée
matérialiste, s'il existe une psychologie métaphysique,
si la psychologie est expérimentale et même si elle
est légitime. La connaissance de soi-même est le
fondement le plus assuré de toute psychologie; elle
s'acquiert par l'observation pure et simple de la nature
et surtout par la réflexion.

N'oublions pas que la sensation (conscience incidente) est le prélude de la pensée (conscience réfléchie). L'enfant ne songe guère à l'immortalité de son
âme, alors que ses sensations s'éveillent, se dévelop-
pent en lui jusqu'à ce qu'il ait acquis sa personnalité
consciente qui pense et qui veut et qu'il ait conscience
de l'Infini.

Il n'apporte au monde que son instinct, le germe
de sa conscience qui doit se développer à l'infini, et
que son premier cri affirme comme la seule réalité
du spiritualisme, mais qui, en même temps, est une
preuve irréfutable du matérialisme scientifique.

L'importance donnée à la sensation dans l'œuvre de M. Sully Prudhomme, s'explique par le lien naturel qui lie tout esprit scientifique au verdict de l'expérience objective, c'est-à-dire à la réalité matérielle, qui n'est pas illusoire.

L'auteur de *Que sais-je?*,[1]) le redoutable adversaire de M. le professeur Ch. Richet est un des rares penseurs qui ait reconnu la souveraineté absolue de la méthode scientifique, qui échappe totalement à la spéculation psychologique.

C'est là un titre de gloire que peu de poètes auraient le droit de revendiquer et qui assure à M. Sully Prudhomme une place très en vue parmi les maîtres du mouvement scientifique contemporain.

N'a-t-il pas en même temps, donné par là, une démonstration éclatante de la vérité scientifique?

Son œuvre est un effort gigantesque, le plus sincère et le plus puissant qu'on ait jamais tenté, pour faire régner les données de l'induction et de l'expérience dans l'ordre des faits moraux.

Le philosophe a soumis sa pensée logique et irréprochable à une analyse impitoyable et finalement au contrôle de l'expérience objective.

---

[1]) 1 vol. chez Lemerre, Paris 1896.

Le poète dont la grande voix proclamait jadis la loi impérieuse de l'Infini, en trouve aujourd'hui la raison dans cet abîme infranchissable de la conscience:

> *Si je tends ma bouche au baiser,*
> *L'inconnu se dresse et m'arrête.*

dans la substance infinie de l'être aussi insondable que la Pensée et que la Force qui agissent au sein de la matière.

Toute psychologie expérimentale ou non, fait appel à l'inconscient, car nous ne pouvons avoir conscience des états de conscience qui ne sont pas les nôtres. Tout ce que la psychologie puisse affirmer c'est le *moi* individuel qui est en même temps la première affirmation scientifique, d'où découlent toutes les autres; le reste est de la pure métaphysique, c'est-à-dire la recherche de l'Inconnaissable.

L'introspection qui est une sensation infinie du cœur, échappe à la réalité objective de nos sensations, en sorte que le psychologue qui croit voir chez son prochain le reflet de sa propre conscience, est victime d'un mirage, d'une illusion qui n'a aucune réalité.

La science de l'âme, je le répète, ne peut exister en dehors des limites du matérialisme scientifique, c'est-à-dire qu'elle n'est pas autre chose que la connaissance de soi-même, la *mesure* de son intelligence et de son âme; voilà la seule psychologie utile à l'humanité, au progrès intellectuel et moral.

Il faut suivre l'exemple de M. Sully Prudhomme et savoir contempler sa propre image; *cet incomparable analyste*, dit Coquelin, *croit ne pouvoir analyser exactement que soi-même.*

Il nous enseigne que si la Vérité est circonscrite, elle est une réalité aussi impérieuse que celle de la conscience, dont le cri s'élève comme une force qui est le centre du monde!

L'infini d'une pensée et l'infinité des sujets rendent infini l'*objet* de la psychologie qui est essentiellement métaphysique et qui existe, comme toute vérité philosophique en dehors des limites mathémathiques du matérialisme scientifique.

Au point de vue physiologique, la force qui se cache derrière la matière cérébrale n'est pas identique à la force universelle, car la pensée créatrice est une

force surnaturelle dont nous ne connaissons ni la matière ni le mouvement. La pensée est la conscience
de l'Infini, d'une Force infinie dont nous ne pouvons
concevoir ni la matière ni le mouvement.

La psychologie ne réduira jamais la pensée à
l'état de trois dimensions que nous révèle la sensation
et que la physiologie nous démontre comme une réalité
aussi certaine que celle d'un cercle, d'une droite ou
de deux parallèles.

Toute la physiologie est basée sur le matérialisme
scientifique, c'est-à-dire sur l'étude de la Force en
mouvement mais limité dans le temps et dans l'espace
(objectivité).

Je vois bien les limites de ma propre intelligence,
disait H. Taine, *je ne vois pas les limites de l'intelligence humaine.*

La valeur de la science est absolue, car la vérité
scientifique est contenue tout entière dans les propriétés du cercle qui est un rapport matériel entre le
néant de la Force et l'infini de la conscience.

Nous ne pouvons concevoir ni une conscience
sans objet, ni une création, d'où il résulte que la matière est une réalité que nous ne pouvons nier sans
affirmer le néant de l'être, ce qui est absurde.

Et encore, nier la matière, c'est affirmer l'infini de l'être métaphysique qui se confond avec la Force créatrice de la Pensée et de l'Intelligence.

Lorsque l'être matériel meurt, l'âme donne au corps l'inertie du néant et au visage la Beauté sculpturale de la mort, au fur et à mesure qu'elle provient au seuil de l'Eternité!

Les propriétés de l'homme, disait Brunetière, *ne sont pas contenues, comme celle du cercle, dans sa définition.* C'est en dehors du corps comme en dehors du cercle, dont nous pouvons mesurer le rayon, que le néant de la Force commence à se confondre avec l'infini de la conscience, devant laquelle nous sommse obligés de nous incliner sans déchoir:

Et ceux-là seuls sont morts qui n'ont rien laissé d'eux.

Dans son poème symbolique du *Zénith,* M. Sully Prudhomme glorifie l'Idée qui s'élève à l'infini. Il nous montre l'homme voulant s'affranchir de l'espace et qui, dans une ascension suprême, tombe le front prosterné contre terre:

Vos corps sont revenus demander des linceuls:
Vous les avez jetés, dernier lest, à la terre,
Et laissant retomber le voile du mystère,
Vous avez achevé l'ascension tout seuls! . . .

L'ensemble de nos états de conscience objectivés, c'est-à-dire limités dans le temps et dans l'espace (sensations, matière, expérience objective) constitue notre *Moi*, que nous ne pouvons nier sans tomber dans l'absurde. N'est-il pas égal à la certitude matérielle, invariable et absolue du cercle?

En regardant en lui-même, M. Sully Prudhomme trouva la pensée et il comprit que ce qui reliait l'âme au corps, la pensée à la matière, c'était la conscience. Au point de vue mathématique, elle représente le centre de deux cercles concentriques mais dont le rayon de l'un est infini; le centre de gravité d'une droite ou d'une sphère, et le point d'entrecroisement de deux parallèles.

La conscience unit l'âme au corps, la *substance* à la matière ou la matière à son *substratum* qui est la Force. La pensée n'est pas autre chose que le moi subjectivé mais à l'infini (conscience réfléchie); au point de vue scientifique, l'expérience subjective ne peut aboutir à la Vérité qui est terrestre et humaine, mais à la vérité métaphysique de l'au-delà, relative, variable à l'infini et que l'auteur de la *Vraie religion selon Pascal*[1]) appelle une *adorable vérité*.

Nous savons que la vérité suprême est éternelle parceque nous le sentons, mais nous savons aussi en y pensant, qu'elle est immatérielle extra-terrestre, parcequ'elle embrasse l'infini et que l'homme ne peut concevoir qu'une vérité limitée dans le temps et dans l'espace c'est-à-dire matérielle. La perception du monde extérieur n'est pas due à un acte de foi, mais à la réalité de son existence matérielle.

Au point de vue scientifique, la Pensée demeure aussi impénétrable que la conscience et aussi mystérieuse que la Force.

Comme repliée sur elle-même, la pensée du poète médite et contemple ce qu'il y a de plus beau dans l'âme humaine; sa grande voix s'élève comme un cri suprême de la conscience universelle, qui a besoin d'Amour et de Vérité!

[1]) Un vol., Paris, chez Alcan 1905.

Son idéal d'amour et de fraternité, qui se lit à toutes les pages de son œuvre, n'est réalisable ici-bas que par la science, l'esprit scientifique auquel aboutit l'évolution remarquable de sa pensée.

Elle s'explique par un besoin impérieux d'absolu qui s'allie chez M. Sully Prudhomme aux sentiments de l'idéalisme le plus pur et le plus élevé.

Poète, mathématicien, psychologue et naturaliste, grâce à l'harmonie et à la logique inflexible de sa pensée, M. Sully Prudhomme a eu le grand mérite d'avoir donné une réponse définitive à la question si importante du psychique, en plaçant à l'infini, les bornes de la psychologie.

Il me semble avoir résolu ce problème qui a passionné toutes les intelligences, en assignant aux forces de l'âme leur véritable place, parmi les phénomènes surnaturels, et en bornant le problème scientifique à l'étude de la physiologie.

Avec Taine, personne n'a mieux compris et n'a donné de définition plus admirable et plus précise de l'esprit scientifique, qui repose tout entier sur la méthode expérimentale objective, dont M. Sully Prudhomme a dit:

*La recherche scientifique est l'application faillible
d'une méthode infaiblible.*[1])

A la question de M. Sully Prudhomme: *Que sais-
je?*, tout physiologiste doit répondre, avec lui, et sans
hésitation: Je sais *moi* et les choses, c'est-à-dire que
je puis affirmer l'existence certaine de ma conscience
et la réalité de la matière dont le *substratum* (Force)
est une conscience partielle, l'un des termes mystérieux
du rapport qui existe entre la conscience et son objet
$\left(\dfrac{\infty}{0} = 1 \right)$[2]) et que nous appelons sensation, matière,
monde extérieur, expérience objective, *non-moi.*

La preuve de cette réalité matérielle est précise-
ment ce rapport, qui n'est autre que le *moi* objectivé
c'est-à-dire limité dans le temps et dans l'espace.

---

[1]) *La vraie religion selon Pascal,* Alcan, Paris 1905 et *Le
crédit de la science.* Rev. scientifique 1902.

[2]) L'expression mathématique de ce rapport métaphysique,
qui est $\left(\dfrac{\infty}{\infty} = 1 \right)$, nous montre qu'au point de vue métaphysique,
le néant de la Force (o) se confond avec l'infini de la conscience.
Il en résulte que la matière, que nous *savons,* est aussi difficile
à *connaître* et à concevoir que l'infini de la Force, qui est la
Pensée (conscience de l'Infini).

La force infinie de la Pensée existe donc en dehors des
limites mathématiques du matérialisme scientifique.

La Vérité est donc contenue tout entière dans le matérialisme scientifique; si elle est limitée, elle est absolue, car elle est inséparable de la réalité matérielle et tangible et c'est ce qui rend absurde toute *science* psychologique et métaphysique.

Il n'y a de métaphysique dans l'être, dit M. Sully Prudhomme, *que l'inconcevable. La métaphysique commence où la clarté finit.*

Pour l'esprit humain, il est impossible de concevoir l'infini, de même que le Néant d'où sortit la matière (création\), l'être, sa vie et la force créatrice de son intelligence.

Ceci impose à notre conscience non pas la *croyance* mais la *certitude* que la vérité absolue et invariable ne peut exister pour nous, dans cette sensation infinie du cœur, qui est la pensée, dont le témoignage subjectif et individuel varie à l'infini.

La vérité ne peut se concevoir que scientifiquement, son essence physiologique est contenue tout entière dans les limites matérielles de notre expérience objective, dont le témoignage est invariable et dont la valeur réside dans un contrôle collectif.

Au point de vue scientifique, la perception d'un objet (arbre, cerveau) n'est ni une idée, ni une image, mais de la matière dont l'existence n'est pas due à un acte de foi, mais à la réalité de son existence objective et sensorielle. Ce n'est qu'en dehors de cette réalité matérielle que l'illusion universelle peut exister sous forme de la croyance métaphysique ou philosophique. La réalité d'une idée ou d'une pensée nous échappe de même que nous ignorons la réalité d'une force immatérielle ou du rapport $\frac{0}{1}$.

Au point de vue de la *connaissance* métaphysiologique, la matière se confond avec le néant de la force c'est-à-dire avec l'infini de la pensée humaine (conscience réfléchie), tandis qu'au point de vue de la *science* physiologique, elle se confond avec la réalité limitée de l'objet matériel (sensations, conscience incidente). Comme le dit très justement M. Faguet, à propos de la philosophie de M. Sully Prudhomme:

... je ne puis savoir ni ce que je suis, ni ce que sont les choses ... Inconnaissable en moi, inconnaissable à l'envers des choses, inconnaissable dans l'infini.

Cette affirmation, qui résume admirablement la pensée philosophique de M. Sully Prudhomme, est parfaitement exacte en ce sens qu'elle donne une réponse très satisfaisante, peut-être définitive aux trois questions fondamentales qui se posent à notre raison: La Conscience, la Force et la Pensée.

J'ajoute qu'ainsi, le problème de la Matière est résolu par le matérialisme scientifique, puisque la matière est l'objet même de la science qui est celui de la connaissance humaine.

Nous pouvons dire:

Je puis savoir que je suis, de même que les choses sont.

Je vois M. Sully Prudhomme, comme le physiologiste qui travaille dans son laboratoire, s'incliner devant la Science et la Vérité, comme jadis le poète des *Destins* s'inclinait devant la Nature en s'écriant:

Nature, c'est pourquoi j'approuve, sans blasphème,
L'emploi mystérieux des pleurs que je répands.

Ne jette-t-il dans ce cri sublime toute sa vie et toute son âme?

Il est pour moi, la synthèse la plus parfaite de son œuvre et en résume admirablement la haute portée.

L'Etre demeure pour nous, aussi impénétrable que sa Beauté qui nous touche:

Tu laissais déborder dans les pleurs de l'extase
L'infini que ton cœur ne pouvait contenir.

Il y a de la Beauté dans la force de cette pensée luttant avec l'Infini et qui jamais n'a faibli, et il y a de la Vérité dans cet esprit mathématique qui, en limitant le domaine scientifique, traça du même coup les bornes de la métaphysiologie.

Avant tout psychologue qui *mesure* l'Intelligence, son esprit, comme une sensation infinie, perçoit, en dehors de la matière, la quatrième dimension qui re-présente le rayon de ce cercle infini que trace autour de nous la pensée:

Le chiffre sans éclat qu'au ciel nous aurons lu,
Longtemps enseveli comme une valeur nulle,
Doit surgir glorieux dans l'unique formule,
D'où le problème entier sortira résolu!

Ce qu'il y a de remarquable chez M. Sully Prudhomme, c'est qu'à côté du poète des *Vaines Tendresses*
qui a vécu ce qu'il y a de plus grand, de plus droit,
de plus pur, un rêve gigantesque et sublime, il existe
un penseur,[1]) qui par le matérialisme scientifique, a
su réunir le domaine des Idées à la science des Faits.

Que le même écrivain, dit Ed. Schérer, *ait écrit
les „Solitudes“ et la „Préface“,*[2]) *c'est l'un des faits
extraordinaire de notre temps.*

Voilà pourquoi, Mesdames, Messieurs, je salue en
M. Sully Prudhomme, non seulement la grande poésie,
mais aussi et surtout, cet esprit scientifique qui triomphe
des préjugés, du rêve et du mysticisme et qui, comme
Pascal l'avait montré, démontra ce qui distingue l'Infini de la certitude du cercle, qui est une expression
parfaite de la réalité absolue.

---

[1]) Ouvrages philosophiques de M. Sully Prudhomme: *Préface* de sa traduction du *De natura rerum.* Paris, Lemerre, 1883.
Que sais-je? Paris, Lemerre, 1896. *Le crédit de la science.* Paris,
1901 *La vraie religion selon Pascal.* Paris, Alcan, 1905. *Le
problème des causes finales.* Paris, Alcan, 1903. *Psychologie du
libre-arbitre.* Paris, Alcan, 1907.

[2]) Préface à la traduction de Lucrèce.

A l'heure où les âmes se vident, où *les corrup-teurs de tous poils* étonnent le monde en semant la haine, tout ce qui est veule et déraciné, il est juste de rendre un hommage, pour ainsi dire public, à l'œuvre d'un poète qui est une source d'energie et de forces vives!

Ses vers résonnent comme les alexandrins sonores de l'immortel psychologe du grand siècle; ils renferment une leçon de vaillance cornélienne.

Son œuvre est pour la jeunesse d'aujourd'hui et de demain, un grand enseignement, car elle nous exhorte à l'action, à repousser d'un front chaste et clair:

Ces deuils voluptueux des vaincus sans combats!

Le poète a la nostalgie de l'Infini et en même temps de l'absolu terrestre; l'homme a trouvé la Vérité sur terre après avoir sacrifié ses sentiments les plus purs aux scrupules les plus beaux et les plus admirables de sa conscience, qui dès lors, a brillé d'un éclat sublime, comme une étoile qui s'allume au firmament!

C'est plus qu'un conseil qu'il nous donne, c'est un exemple:

Couvres tes pas, va lire au cœur de la Nature;
Va! c'est ainsi qu'au vrai le vrai s'allume et luit!

L'œuvre de M. Sully Prudhomme nous parle d'héroïsme, de courage, de Vérité et comme le lis adorable, elle glorifie, sous une forme impeccable, ce qu'il y a de plus parfait et de plus absolument beau.

La grande œuvre de sa vie héroïque est un chef-d'œuvre:

Le beau reste dans l'art ce qu'il est dans la vie!

impérissable, elle restera une des gloires les plus pures de la pensée humaine.

BALE, septembre 1907.

Lightning Source UK Ltd.
Milton Keynes UK
UKHW012009021218
333216UK00014B/2556/P